同來讚美上主
如何訓練教會合唱團

龐保頤(Aurelio Porfiri)著

陳凱文 譯

目　錄

序

　　龐保頤利用聖言、訓導當局的訓誨、和他本人當指揮、司琴、作曲家和禮儀總監的豐富經驗，為禮儀聖樂總監們編寫了一本濃縮、完整的手冊。他當指揮的經驗和對管理歌詠團的知識使他能建立一些實際的指引，讓讀者能演奏虔敬和正規的禮儀音樂。

　　這本書的內容循序漸進，以在聖殿朝拜和達味王的地方找到的古舊習俗作為參考對象，再提供深入的分析和合適的建議，包括：正確培訓團員、指揮和神職人員的方法；以作者對彌撒聖祭深入的理解形成選擇聖詠的指引；招募、訓練、和培訓團員的各種策略，包括培養小孩子對聖樂的愛。

　　作者利用從教宗庇護十世的手諭《Tra le sollecitudini》到梵蒂崗第二屆大公會議的《禮儀》憲章對聖樂的理解的知識，清晰和直接地編寫此書。

　　這本書能夠在堂區不同的場合幫助禮儀音樂總監。它對深入聆聽的重要性和為團員建造一個健全和靈性的環境的詳細探討能幫助和指導初階和進階的指揮。

Frank La Rocca 博士
本篤十六世研究中心的常駐作曲家

1

教會對合唱團的訓導

近幾十年來，關於合唱團在天主教禮儀中的作用有着非常激烈的爭論。有些人，甚至神職人員，認為合唱團是信徒參與聚會的障礙，即使「參與」這概念頗為意識形態，有時亦很模糊。其他人則譴責合唱團在天主教敬禮中所受到的反對，認為沒有理由存在反對的。事實上，當我們使用「合唱團」一詞時，也需要小心。什麼是合唱團？我們可以說，合唱團是一起唱歌的一群人，但這並不是一個好的定義。教堂裡的會眾有時會一起唱聖詩，但他們並不是合唱團。有一句名言說，教堂裡的第一個合唱團應該是會眾。這聽起來很好，但事實並非如此。因為合唱團不僅僅是一群人任意地唱歌，而是事先已組織好的一群特定人士。然而，這個定義似乎還未夠充份，因為我們知道在大多數天主教音樂中，由於它來自我們的音樂傳統，並沒有「合唱團」（意思是相同的一群人），但是每個聲部都有獨唱者。因此在一個四聲部作品中，每個聲部僅由一個人演唱是很常見的，正如文藝復興時期那樣。這個「獨唱者與合唱團」之間的概念確實應有更多的探究，我會試著作一些討論。事實上，獨唱歌手的偉大傳統在上個世紀初幾乎被去除〔稍後會提到聖庇護十世（St. Pius X）的自動詔書〕，而它應被重新發現。

合唱團的組合中應有多少人？這個數字是任意的。兩個人可以組成合唱團嗎？我相信沒有人會同意。但我們也很難給出一個確切數字。為教堂合唱團而言，我們可以說，正確的數字是它能允許合唱團在禮儀期間很好地完成任務。在一座非常小的教堂裡，一個八十人合唱團是不合適的，亦如在一座大聖殿裡，一個五人合唱團是不夠的。

合唱確實可以追溯到猶太基督徒傳統。我們可能僅僅記得《聖經》中關於耶路撒冷聖殿的歌手的章節，他們是由達味王親自委任和管理的歌手（編上 15:16–28）：「達味又吩咐肋未人的族長，由他們的同族兄弟中指派一些歌詠者，叫他們用各種樂器、琴瑟和鐃鈸，奏出嘹喨歡樂的聲音。肋未人遂指派了約厄耳的兒子赫曼和他的一個同族貝勒克雅的兒子阿撒夫，並他們同族兄弟默辣黎的子孫中，谷沙雅的兒子厄堂。與他們一起的，尚有他們的同族兄弟，組成第二班：則加黎雅、雅阿齊耳、舍米辣摩特、耶希耳、翁尼、厄里阿布、貝納雅、瑪阿色雅、瑪提提雅、厄里斐路和米刻乃雅，以及守衛敖貝得厄東和耶希耳。至於歌詠者，赫曼、阿撒夫和厄堂打銅鈸；則加黎雅、雅阿齊耳、舍米辣摩特、耶希耳、翁尼、厄里阿布、瑪阿色雅、貝納雅彈瑟，調用高音。瑪提提雅、厄里斐路、米刻乃雅、敖貝得厄東、耶依耳、阿匝齊雅領先彈琴，調用低音。肋未人的族長革納尼雅管理歌詠，因他善於歌詠之事。貝勒基雅和厄耳卡納為守衛，看守約櫃。司祭舍巴尼雅、約沙法特、乃塔乃耳、阿瑪賽、則加黎雅、貝納雅和厄里厄則爾，在天主的約櫃前吹號筒；敖貝得厄東和耶希雅為守衛，看守約櫃。於是達味和以色列的長老並千夫長前去，由敖貝得厄東家中，興高彩烈地將上主的約櫃接上來。由於天主扶助了抬上主約櫃的肋未人，他們遂祭獻了七頭公牛和七隻公山羊。達味、抬約櫃的肋未人、歌詠之長革納黎雅以及歌詠者，都穿着細麻長衣，達味另外又佩帶着細麻的『厄弗得』。全以色列在歡呼、吹角、吹號、擊鈸、鼓瑟、彈琴、奏樂之中，將上主的約櫃接了上來。」這個場景讓我們了解到達味王對聖殿崇拜的音樂的重視。但教會也經常投放大量資源為禮儀發展「合唱團」（在最廣義上）。我們看看過去一個世紀以來教會當局的一些訓導，從 20 世紀初開始、關於聖樂改革的大憲章，即聖庇護十世 1903 年 11 月 22 日的《在善牧職務中》自動詔書（Tra Le Sollecitudini）：「除了適合祭壇上的主祭和祭司的旋律，必須總是以額我略聖詠歌唱，且沒有管風琴伴奏外，其餘的禮儀聖詠都屬於肋未人的合唱團，並因此，教會的歌手，即使他們是平信徒，是真的在作為教會的合唱團。因此，他們所表演的音樂必須，至少在很大程度上，保留合唱音樂的特徵。這不應該理解為完全排除了獨唱。不過，獨唱也不應該佔據主導地位，以至於以這種方式來執行禮儀大部分的詠唱；獨唱短句應該具有旋律投射的特徵或暗示（spunto），並且嚴格地與合唱作品的其餘部分連結。根據同樣的原則，教堂裡的歌手有一個真正的禮儀職位，而由於婦女無法施行這種職務，故此不能成為合唱團的一部分。當有需要用到女高音和女低音這些尖銳聲音時，根據教會最古老的做法，這些聲部必須由男孩擔當。最後，只有已知是生活虔誠和正直的男士才會接納成為教會合唱團一員，而這些男士在禮儀活動期間，應當通過謙虛和虔誠的態度，表明他們配得上他們行使的聖職。歌手在教堂裡唱歌的時候也應穿上教會的長袍和短白衣，並且當合唱團過度開放而受公眾注目時，他們應隱藏在格柵後面。」這段文字本應深入探討，但基於字數限制本文不宜作更長的評論。無論如何，我們可以推斷出合唱團有着很崇高的尊嚴，因為他們履行的是一種「聖職」，例如穿著特定長袍的規定。此外，要求隱藏背後是有特殊原因：不要引起對他們的注意，而將注意力集中在彌撒所慶祝的偉大奧蹟。女性當時是不允許在教堂唱歌，並建議使用男童歌手（pueri cantores），即使這只是在聖樂作品中歌唱高音聲部的其中一個可能性。事實上，例如在羅馬的西斯汀小堂合唱團，高音聲部只在 20 世紀初才出現。女高音和女低音的聲部是由閹伶（年少時候做了手術以防止變聲的男歌手）或假音歌手（能以假音唱歌的男歌手）來演唱。

其他教宗如庇護十一世（Pius XI）和庇護十二世（Pius XII），他們隨後的文件肯定了聖庇護十世的規定，甚至在某些情況下強化了它們。梵蒂岡第二屆大公會議有關禮儀的文件《禮儀憲章》（Sacrosanctum Concilium）也強調合唱團在教會崇拜中的重要作用：「普世教會的音樂傳統，形成了超越其他藝術表現的無價之寶……聖樂寶藏應以極大的關心去保存與培養。歌詠團，尤其在主教座堂者，要加意提倡。主教及其他牧靈人員要按照第廿八及三十節，注意設法，使在以歌唱進行的任何禮儀行為中，信友大眾都能實行自己份內的主動參與。」所以，即使對參與的概念有了新的強調，合唱團的角色亦已清晰地從梵二開展，並且應該成為真正禮儀改革的主導原則。

2

合唱團成員的招募

我相信你一旦明白到教會對在禮儀中有良好合唱音樂的關注，就會產生一種迫切感想去改善你本地的教堂合唱團。不過，這肯定有不少困難。我們會嘗試在本章和接下來的篇章逐一探討。我認為當中最主要的困難，是招募合唱團成員。也許你的教堂只有一個很小型的合唱團，甚至根本沒有。因此，招募成員成了首要事項。現在，我們需要反思一件簡單的事：為一個怎樣的合唱團去招募成員？是的，我們需要先為此找出答案。

在教會中可能有幾種合唱團：聖樂團（schola cantorum），是由多名受過訓練的歌手組成，並且能演唱比較具難度的樂章；「領唱合唱團」（leading choir），那是由一群歌唱技巧不是特別熟練的人組成，但足以幫助會眾唱答句和聖詩。我個人不認為設立「青年合唱團、葬禮合唱團、婚禮合唱團等等」有甚麼好處。我明白年輕人喜歡有自己的團體，但我認為教育他們成為團體中的天主教歌手，比起硬生生地以年齡層來劃分更有教育意義。此外，當我們強行把青年合唱團歸為一類時，通常只會讓他們演唱一些禮儀上不一定需要採用的曲目，如受到流行曲影響極大的曲目。我們認為（神父們認為）它們有助人們的參與，但實際上這樣只會灌輸他們不良的禮儀教育。我們知道「參與」是大公會議一些決定的核心，但這種參與不是絕對的，並不是「參與」本身就好，而是所參與的內容有益。我們不能裝作禮儀的目的是要人們不惜代價地去參加。我知道一方面這並不容易，而經驗告訴我，當年輕人發現真正聖樂的真正的美，他們就會更加熱情。他們只需要有人從旁引導。

回到上述不容易的分類——聖樂團和領唱合唱團，我們需要說，聖樂團也可以負起帶領聚會的責任，而並非只限於自己的曲目。我認為在主教座堂有更大的合唱力量會是好事，但在一個小堂區，你只需要一個合唱團。那究竟需要多少人？這是一個棘手的問題。它取決於教堂本身，也視乎該堂區禮儀生活的熱絡程度。如果有很多彌撒而牧者認為音樂與禮儀非常相關（他應該這樣認為），就可以有更多人輪流參與。但不應分為 A 合唱團和 B 合唱團，而該是同一個合唱團，根據需要劃分也可以運行。

至於如何說服別人在你的教堂合唱團唱歌呢？教會告示板的公告可能會有效，不過只可以達到某個程度。人們對歌唱感害羞，因為歌唱是表達自我，而不是所有文化都鼓勵這種自我表達的方式。所以在合唱團中有「福音傳播者」是重要的。是的，那些熱衷於合唱的人會想讓他們認識的人參與其中，讓他們成為這個美好活動的一部分。是的，我們講的是古老的「口耳相傳」方式，這最終是非常重要，也是其中一個最有效的方法。領導合唱團的人（我們之後會談論他們）必須讓人們享受合唱的經驗，使在這氣氛下招募新成員變得容易。要牢牢記住一個非常重要的原則：我們不是因為自己的喜好而歌唱禮儀音樂，我們在禮儀中樂意唱出某些音樂，應該是因為它所具有的禮儀性質。重要的不是我們的品味，我們的品味應該是經過教育、能分析甚麼是優雅的禮儀音樂。這是合唱團領袖應傳遞給「福音傳播者」的信息：我們需要的，是那些希望以教會想我們祈禱的方式、透過音樂體驗禮儀祈禱的人；尊重禮儀的客觀本質，因那不是我們創造的東西，而是我們接收的東西。這個信息必須從一開始就要弄清楚（合唱團領袖對此的理解也必須清楚，因為這並非必然的事）。

聲樂能力又怎樣？我們可能要直言不諱地說出一個壞消息和一個非常好的消息。壞消息是，「音痴」不應該成為合唱團的一份子，就像不會說中文的人不應該教中文，或者不應該打電話詢問男人有關懷孕的經歷一樣。好吧，這是壞消息，但非常好的消息是，真正的音痴幾乎不存在或非常罕見。音痴幾乎是一種疾病，與大腦或聽覺系統中的某些功能障礙有關。大多數自認是音痴的人都只是沒有接受過音樂教育。我記得很多年前我的合唱團裡有一個小男孩，他唱起歌來真的很像音痴，但我仍想嘗試助他一把。所以我和他一起度過了一些（痛苦的）日子，教他識別音調，而最後成功了。因此，合唱團領袖應該讓這樣的人在加入合唱團之前接受訓練。也許對唱歌有比較大問題的那些人，最好不要以他們參加聖樂團為目標，一旦當他們準備好，或許可讓他們唱些一些禮儀歌曲。

當合唱團領袖與潛在的歌手會面時，最好與他們交談，聽取他們的動機和期望，並澄清在教堂裡唱歌是為了取悅天主並給予祂應有的和適當的崇拜，不是為了一起消磨時間或自得其樂。然後，合唱團領袖應該讓候選人唱出他或她選擇的歌曲，也可以做些非常簡單的音準練習。我經常做的一件事，是讓他們唱出一首自己非常熟悉的歌曲，例如「生日歌」，改變樂曲每節的音調，以便得悉歌手是否能夠識別和音變化，並適應新音調的聲部。有些人可以，有些則不能；而重要的是了解候選人的音樂技巧。

每位宣示有天主教信仰的人都應該是善良和有道德的，但往往卻非如此，我們都非常清楚我們是罪人，因此，合唱團中有人與教會訓導（如離婚等）不一致的情況會越來越多。對待這些人的態度應該怎樣？（有很多這樣的人，且因為社會變得越來越沒有宗教信仰而可能越來越多？）我會這樣說：只有天主才能洞悉人心。我認識很多有上述這樣那樣問題的人，他們仍真誠地尋求天主。所以容許我在這裡再次介紹「壞表樣」的傳統概念。如果人們公開倡導和宣傳與教會訓導相反的生活方式（作出壞表樣），那麼就不應該允許他們擔任禮儀牧職工作（如作為教會合唱團成員）。但若他們忍耐地和不公開地生活，不會假借自己經歷的某種困難便尋求成為大眾的常態，我會願意考慮他們成為合唱團的一份子。身為罪人（我們都是）不是問題，試圖將總是錯誤的事情合理化才是問題。我認為這種「牧靈態度」既保護了對道德規範和教義的尊重，也使那些在信仰中掙扎的人仍能通過參與禮儀而與天主親近。

3

指揮的角色

在談論各種合唱團時，我們顯然不得不提到指揮此一角色。這也是該要拿出來討論的，因為指揮有可能是每個合唱團最大的優點或最大的缺點。我認為指揮家的角色經常被誤解。人們認為指揮就像是決定音樂該如何演奏的獨裁者，且要合唱團員盲目跟隨。不，指揮是促進者，不是獨裁者。指揮家最重要的作用不是揮動手臂給出正確節奏，而是能夠聆聽，這是個重點。他不是要將個人的想法強加於二、三、四十名歌手身上，以得出所要演繹的結果，而是要有能力在單一音樂場合中挑動每個人的力量。

我擔任過很多次合唱比賽的評判，經常在其他評判那裡聽到的一句話是：沒有差勁的合唱團，只有糟糕的指揮。這句話頗有道理。通常合唱團的命運與指揮家能否肩負好自己的角色的能力有關。這對教堂合唱團來說更是如此，因為它不僅僅是能唱出任何想要的歌曲，而是要對某些曲目有特殊的委身。那麼我們怎樣為教會判斷一個人是否好的指揮？首先，選取人選不是因為其心理狀態，而是其對合唱團有真正的熱情。有人會透過指揮的任務來發洩他們生活其他方面的挫敗，不尊重地差遣合唱團成員，使他們成為「受害者」。當然，指揮必須能夠維持合唱團的紀律，這往往也意味著要大聲喊話，從而令大家不快。這種情況有可能會發生，並且應該視作歌手改進的過程。但這不能成為病態，只應是合唱團生活的一部分。所以好的指揮應具有平穩的個性。

好的教會合唱團指揮應當清楚教會關於聖樂的訓導。這也是最為重要的。《禮儀憲章》（115）指出：「在修道院、在男女修會的初學院或書院，以及其他教會機構與學校，應該重視音樂教育及實習。為實行這種教育，要注意培養負責教導聖樂的師資。再者，切盼按照時宜，設立高等聖樂學院。音樂家，歌唱者，尤其是兒童。也應給予純正的禮儀訓練。」即使文憲沒有特別提及指揮，我們需要記住，他們亦應當接受「純正的禮儀訓練」。今天當然比以往更為迫切，因為各地的禮儀培訓的質素都相當平庸，包括在修院裡。教堂合唱團指揮與教會牧者就選曲爭吵之事，時有發生。一個非常重要的原則是，正確的選擇不一定是神父所說的，而是教會按照傳統所教導的。如果指揮認為神父錯了，他或她應能夠捍衛自己的觀點。現在的神父在教會音樂方面，並不像幾十年前一樣知識淵博，當時修院的音樂生活發展蓬勃。教宗庇護十二世在《聖樂紀律》通諭（Musicae Sacrae Disciplina, 1955）中，很著重地對演奏莊嚴的聖樂作出過指示：「應極其注意，那些在你們的修院中，或在傳教團及修道院中準備領受聖職的修士，應按照教會的心意，在精通該領域教師的教導下，完善地學習過有關聖樂及額我略聖歌的道理及用途，該教師應能尊敬傳統習俗與教導，並能完全服從聖座的規範與標準。在修道院或會院的學生中，若有人表現出卓越的學習能力或對該藝術的喜愛，修道院或會院的長上不可疏忽，應將此事告知你們。若這些學生展現出優點與美德，可寄期望成為優秀的司鐸，則你們可利用這機會，進一步培育他們的天賦，將其送入羅馬的宗座聖樂學院，或其它教授該科目的學院中。在此事上也應注意，教區首長及修會長上，因工作繁多、操勞過度而不能輕易地照顧自己，在這重要的事情上，也可依靠一些人的幫助。若在教區基督徒藝術委員會中能有一些尤其精通宗教音樂及聖歌領域的人，能謹慎監督教區正在進行中的活動，告知教區首長已完成及將要完成的活動，接受教區首長的命令並監督其執行。若在一些教區中已有這些協會，是被明智地建立起來的，為促進聖樂，且受到了先教宗們極大的讚賞稱揚，教區首長可明智地使用這些協會完成自己的職責。此種熱心協會的建立，或為教授民眾聖樂，或為深入研究聖樂，能以語言及榜樣，極大地促進聖樂的發展。可敬神昆，你們應扶持並促進此種協會，使它們活躍積極地利用最優秀、最有能力的教師，為能讓他們在整個教區內，在遵守教會法律及服從我們的情況下，勤懇地促進對聖樂及宗教音樂的瞭解，熱愛及運用。」[1] 因此，我們可以看到教宗庇護十二世（也包括其他教宗）對聖樂指導的強調。即使過去十分強調神父作為合唱團總監的角色，今天已不可同日而語了。實際上，那是至少自 20 世紀初出現的一種聖樂神權化的結果。此前，平信徒也是很積極地參與，成為合唱團總監、

---

[1] （譯註）中譯文摘自王文質 Ioannes 新浪博客：〈教宗庇護十二世《聖樂紀律》通諭「初譯本」〉，2013 年 3 月 31 日。參見網頁：
http://blog.sina.cn/dpool/blog/s/blog_5322554b0101d4va.html?type=-1。

歌手和司琴。另外，今天神父出現短缺，所以最好是讓他們更專注於牧職工作，把安排教會音樂活動的任務交給有充份準備的平信徒。

　　禮儀要求信徒做好充份準備，並不妨礙他們在音樂方面同時做好充份準備。這也是教會合唱團指揮的培育的重要部分。在音樂上做好準備不是指這樣那樣地揮動手臂，而是意味著能夠正確地表達你想與歌手溝通的內容。美籍合唱團總監羅德尼・艾肯伯格（Rodney Eichenberger）有一句名言：「他們所看到的就是你得到的。」意思是合唱團對指揮正在做的事情作出反應。因此，如果指揮不能夠恰當地表達「音樂信息」，合唱團便不能作出適當的反應。音樂訓練並不單指在教會音樂傳統中接受指導（這也非常重要，如果你不了解教會偉大的音樂傳統，你是不能對聖樂培養出好品味），而且要能夠組織你的歌手的練習，確保他們有足夠固定的出席率。同時必須記住，要具有領導能力。正如前述，領導者不是專橫的人，而是每個人都認可的參照點。有些人天生就有這種特徵，其他人則需要學習。如果你不是天生的領導者，你仍然可以發展一些特質，讓你能夠受歌手尊重，從而促進你身為指揮的工作。這當然不容易，卻非常重要。如果合唱團不首先信任和尊重他們的指揮，他們就永遠不能夠進步。要獲得尊重和信任，可能是指揮家必須面對的最困難和最具挑戰性的任務之一。不過，即使沒有天生的領導才能，有些技巧還是可以後天培養的。

4

練習、練習及練習

要談論音樂在教會中的角色，就需要論及很多、很多的議題。有些是顯而易見的，因為它們就擺在大家眼前，就像在教堂演唱的合唱團；其他的就只有合唱團成員才知道，例如合唱團的練習。合唱團排練時，確實是很多事情會發生的一刻。我經常指出，最重要的時刻不是演出，而是排練。如果有事情必然發生，就會發生在排練之時。這很大程度上取決於合唱團負責人的能力。我已經說過，他可以是合唱團最大的優點，也可以是最大的弱點。合唱團的練習不在於學習曲目，或不應只是關乎學習曲目，而是應以聆聽取得內在和諧感；如果指揮得正確，大多數合唱團是能夠做到的。合唱團的練習是關乎聆聽，等待「魔法的發生」。為此，你需要一個真正能夠深層次聆聽的指揮。我想引用自己在《以少為多》（Less is More）一書中的一段說話：「誰是演繹者？『演繹』背後的意念為何？這個字來自拉丁語 interpretatio，由 inter（之間）和 pretem（知識）組成。因此，演繹是調解，而非挪用。正如我之前解釋過，這種知識的調解不能受個人的文化局限，不論其學歷程度如何。演繹在指揮和其他表演者（甚至是觀眾）的交流中發展，就像嬰兒在母胎中成長一樣。你聽過多少次傲慢的指揮告訴世界他們遵循『作曲家的意願』？他們如何能熟知作曲家的意願，當後者可能是生活在數百年前，或生活在文化和地理完全不同的環境中？當在樂譜上畫上奇怪符號時，它應該成為對指揮本人、為他們付錢學習音樂的父母，和他們身處的系統的一個重要提醒，即違背樂譜性質是不能容忍的。我並不是說你不能標記樂譜，但只以此為基礎，就會是音樂帝國主義的行為。演繹在現今是以某人的意願強加於他人的被動接受能力。確實，指揮家為尊重演繹可以做及應該做的工作，就是聆聽，且是深層次地聆聽。深層的聆聽能為『嬰兒』提供時間和方法，令他在疾風中沿路前進，從而到達我們稱之為『感覺』的謎團。」我的意思是甚麼？我的意思是，指揮家不是「命令」他人音樂該如發出聲音的人，而是對某種聲音有見解並對某樂曲的風格或傳統有意識的人，但又總可以開放地使樂曲在特定的合唱團中變得生動。這並不是指違背樂曲的風格，因為一個好的指揮知道如何帶領練習，能有利眾人對各自部分的理解。這就像是學校的課堂：教師在講授特定的科目能很有創造力，並能夠看到該科目如何在特定的一班學生中引起共鳴，但最終重要的是能達成目標。我們希望合唱團能以更有意義的方式來達成這項目標。我想再次從《以少為多》中引述自己的話：「一個好的指揮家不是強加自己的意願於他人身上，而是一個能夠非常細微地聆聽的人。優秀的指揮家可以發揮表演者的創造力，令相關表演像母胎中的嬰兒一樣成長。指揮必須允許這個過程進行，並成為它的促進者，接受音樂的聲音必須向他或她說話。指揮並不是獨裁者，而是促進者。只有對此的理解，表演才能產生創造力，為熱愛音樂並將其視為知識的人帶來真正的享受。」因此，這不是指揮家特權的減少，而是此角色的重大進步。

　　所有事情都在合唱團排練時發生。20 世紀在合唱世界最有影響力人物之一、美國著名指揮家羅伯特‧肖（Robert Shaw, 1916–1999 年）就有關練習的重要性，寫了一篇好文。指揮應該從一開始就了解其所做之事的目標。對這個目標應該要雄心勃勃，但亦必須合理。每個人都可能會夢想合唱團能夠演唱水平很高的音樂，這需要時間，而排練是最終能實現成長的孵化器。盡可能地練習是個好習慣，但不要把練習當作懲罰。合唱活動不是要贏得合唱比賽，那些專注於此的人是大錯特錯，即使他們不是指揮教會合唱團。特別是對於在教堂唱歌和為教會唱歌的合唱團，目標是通過音樂光榮天主，成聖他人。這是一項艱鉅的任務，也是為什麼聖樂是音樂的最高形態。

　　開始練習前最好先祈禱。以下是我在網上找到的一段禱文：「主啊，請祝福這首樂章，讓它歌頌祢的聖名。願祢賦予我（我們）的才華只為侍奉祢。讓音樂成為祢威嚴及愛意的見證，並提醒我們，祢會在祢的寶座上注視和聆聽。願祢的存在和美麗在每個音符中都能找到，唱出的字句傳到祢百姓的心中，使他們更加靠近祢。願祢的聖神通過一切方式引導我們，使我們成為祢和平的器具，並以愉悅的聲音宣揚祢的榮耀。亞孟。」再加上一篇短禱來銘記教會音樂之主保聖女則濟利亞（Saint Cecilia）也是相當合適的。聖樂合唱團應該無時無刻記住，正如聖奧斯定（Saint

Augustine)所說，當唱歌時，他們是在祈禱兩次。

　　排練應有發聲熱身的部分。它必須針對排練中要演唱的歌曲，以及構建一些基本功，包括聲調、音域、發音、靈活性等。熱身是指揮在樂曲練習前解決問題的一個方法。另外，熱身時間不應太長，大概只需要十至十五分鐘。然後，最好從合唱團已經熟練並表現出色的樂曲開始。這會鼓勵其他樂曲的學習過程。有時我們會認為某些樂曲很困難，所以其中一個秘訣是減慢樂曲的速度，或將其分成不同部分，就如維修電腦時，只需區隔無法正常運作的元件。重覆嘗試一首樂曲而不直接解決主要問題，是沒有作用的。我們要記住，很多唱歌的問題都是心理問題。不要讓合唱團覺得他們無法解決問題，而是要他們針對難題，了解正在發生的問題，並嘗試不同的解決方法。很多年前，我是宗座聖樂學院的學生。教授合唱音樂的老師是若瑟·皮奇洛（Giuseppe Piccillo），這位合唱大師也在羅馬音樂學院任教。有時我們需要演唱難度很高的樂曲，我記得他是如何發現某些「技巧」去克服一些複雜的難題，使合唱團不會卡住在某一個問題上。在理解問題並尋求最有效解決方法時，指揮肩負著非常重要的作用。而在這裡，練習是至關重要。

　　讓每位指揮家都記住，排練是必須要進行的，其目的遠高於準備合唱音樂會；它為成員們的聲音和心靈出現在天主的榮耀面前作準備。

5

為禮儀選擇音樂

對合唱團總監來說，為教會禮儀服務時的一項非常重要任務，就是為彌撒選擇合適的曲目。請仔細閱讀上述句子，因為這確實是其中一個最重要的作用，亦是最常被誤解。你可以從真正的教會音樂家身上，看到他適當地展現的禮儀品味。在這裡，我想泛談一下我們應該運用的原則；稍後，我將詳細介紹彌撒的常用經文和專用經文。

第一個問題是：該由誰來選曲？因為在許多堂區中，牧者、合唱團總監、司琴、傳道員等人之間存在差異。音樂必須在牧者的知情監督下，由合唱團總監揀選出來。為什麼我要說「知情」？因為神父，尤其是在我們這個時代，很多時沒有接受過禮儀音樂的訓練，所以他們往往是障礙多於是資源。從前，他們在神學院裡有合唱活動，他們可以唱歌額我略聖詠、複音音樂，並對禮儀音樂的良好實踐培養出品味。但現在，在世界很多地方，這情況已不復再，因此他們可能比合唱團總監了解得更少。在此，我們需要誠實地看待合唱團總監，他們在祭禮的機制和音樂在當中的作用方面也很少做好準備。他們有些只是學習過音樂的人，喜歡某種音樂，並利用指揮教堂合唱團的機會來演奏自己喜歡的音樂。因此，培育有根本的重要性；不植根於傳統，就無法培育（這並不是意味着要成為傳統主義者，而是要成為天主教徒）。不過，在理想的情況下，當指揮接受過一些培訓後，他們應該是為彌撒準備音樂的人。

我們要牢記並遵循的第一個重要原則是：我們不在彌撒中歌唱，我們是唱彌撒。意思是禮儀活動不應成為唱「幾首隨機音樂」就行了的場合。理想是唱彌撒的經文，《彌撒經書》為禮儀年所提供的專用對經。有人認為這在堂區是不可能的，但實際上並非如此。真正的問題是缺乏接受過良好訓練的人去肩負此任務。所有禮儀音樂都應該適合特定的慶祝活動，不是僅僅因為「我們喜歡」而唱的音樂。我在羅馬曾發現合唱團在聖誕節唱了一首復活節的歌曲；他們根本不在乎，認為沒問題，因為他們喜歡那首歌。這是完全錯誤的。

在選擇禮儀音樂時，我們需要遵守幾個要點：在彌撒中應該要唱某首歌曲的時刻、禮儀季節、慶祝活動的特殊性、可動員的音樂人員、作品的質素。讓我們逐一更細緻地討論。

進堂詠不能與領主詠有相同的特徵，即使兩者都具有遊行特點，但性質不同。前者是牧者遊行進堂，信眾留在長凳；後者是所有人遊行排隊領聖體。前者的歌唱是彌撒的開始，後者作為彌撒最虔誠時刻的伴唱。這個原則必須應用於所有的禮儀；聖樂是由不同的音樂類型組成：聖詩（hymn）、經文歌（motet）、對經（antiphon）、歡呼歌

（acclamation）、連禱歌（litany）等。我想舉一個例子。我需要為彌撒作曲，以紀念聖伯多祿和聖保祿（Saint Peter and Paul）。有一句重複出現的文本是（Tu es Petrus）「你是伯多祿」。通常，此經文會以非常莊嚴和凱旋的方式化為音樂，以顯示羅馬教宗和天主教會的勝利。但當我需要用此文本來為領主詠創作一首對經，我需要考慮這首歌的演唱時刻及相應的動作。在領聖體時，以非常響亮和勝利的語氣來唱「Tu es Petrus」是錯誤嗎？是的。

禮儀季節當然很重要，將臨期的音樂應具有快樂準備聖誕節的特徵，而四旬期則具有悔改的特徵等待復活的來臨。選擇音樂時，應避免選擇所有場合都適合的樂曲，因為它們大多數不是真的能適合所有場合。我們應該記住個別季節的獨特要求，例如在四旬期，不應獨奏管風琴，而只能為合唱團或會眾的歌唱伴奏。合唱團總監根據禮儀季節選擇音樂時，還有很多事情需要知道。

然後，你需要注意特殊的慶祝活動。有些彌撒由於場合特殊而需要更嚴肅，其他則需要「輕一點」的音樂。音樂當然不應根據參加人數來度身定做，彌撒不是表演，而是具有客觀性。即使只有神父、沒有其他人參與的情況下舉祭，它仍然是完全有效的彌撒。但若在我的堂區中，由於聚集了不同的團體，有一台彌撒被視為當天的主要禮儀，那台彌撒的音樂可能會更加精細。我們該避免對彌撒進行分類：青年彌撒、老人彌撒等等。我的經驗是，這種堂區的子群體將信眾分散，未能團結會眾。認為年輕人該有他們自己的音樂不是一個好主意：我們必須引導年輕人對天主之事養成良好的品味，而不該以一種沒助益的方式取悅他們。

談到這一點，我們需要指向音樂人員。在這種情況下，你可以從指揮為合唱團選擇與他們能力匹配的音樂，看到指揮的實力。差勁的指揮會迫使合唱團演唱超出其能力的音樂，僅僅因為他們想感覺一下自己指揮過某位作曲家的作品。當然，你必須挑戰你的合唱團，這是進步的方法，但你也不能使他們在聽眾面前出醜。如果你的合唱團達二級的難度，你可以挑戰三級。如果他們感到自在，嘗試維持三級才再進一級。但也有指揮從二級跳到七級，這是不可能的：要順其自然（natura non facit saltus）。

如何判斷一首好作品？這需要具備良好的音樂知識和能力，才能從樂曲的編寫方式來對其評價。不幸的是，在許多教堂、聖殿、聖樂委員會中，有些人沒有多少音樂能力，對教會傳統的知識也不足。對於這些人來說，為禮儀選擇合適的音樂是艱鉅的任務。當然，主教肩負著重大責任，但這是比聖樂本身更大的問題。評價聖樂一個很好的起點是閱讀聖庇護十世的自動詔書（1903）：「因此聖樂應在最高程度上具有適合禮儀的品質，尤其是形態上聖潔和良善，這將自發地產生普遍性的最終品質。它必須是神聖的，因此，必須排除所有世俗元素，不僅在其本身，也在執行者呈現它的方式上。它必須是真正的藝術，否則，它就不可能在聽眾腦海中發揮教會在禮儀中接受音樂的藝術

所要達到的功效。但它同時必須具有普遍性，雖然每個國
家都允許將被認為構成本土音樂的特殊形態，納入其教會
音樂作品，但這些形態仍必須服從聖樂的一般特質，使所
有國家的人都只會在聽到它時產生好印象。」最後一點
是，我們要意識到「中國禮儀音樂、意大利禮儀音樂等
等」是並不存在的，有的是在中國的禮儀音樂、在意大利
的禮儀音樂等等。

6

為彌撒常用經文選擇音樂

對彌撒的各部分作更深入探討是必要的。因為禮儀儀式是多層次的，而且在音樂上有很大差別，若要為合唱團選擇對禮儀有意義的音樂，我們需要詳細說明。諾拉的保利努斯（Paolinus of Nola, 354–431 年）在《卡門》（Carmen, 20）一書中談到，這種和諧的尋找，應該從禮儀中去發現：「信仰是我們惟一的藝術，基督就是詩歌。他從不和諧中表現出聚集在自己身上成為令人欽佩的和諧。他詠唱我們的詩歌，齊特琴的真正達味恢復者，長期以來淪為沈默，打破了古老罪惡的弦……主人和天主親自製作了新的齊特琴，將其與作為他的十字架的樹綁在一起。」禮儀學家克里斯皮諾·瓦倫齊亞諾（Crispino Valenziano）在題為〈在美麗之道〉（In via pulchritudinis）的論文中引用了前文，對禮儀的美麗之道（在拉丁語中確實翻譯為 "Via pulchritudinis"）做了很多論述。我們一直努力在禮儀中追求卓越的美。音樂不僅僅是「功能性」——只為經文編上一些音符。禮儀音樂必須通往超自然的美，否則是沒用的。

所以在探討彌撒時，我們可以闡述某些部分，例如那些組成「彌撒常用經文」（Ordinarium Missae）的部分。傳統上，它們是《垂憐經》（Kyrie eleison）、《光榮經》（Gloria）、《信經》（Credo）、《歡呼頌》（Sanctus）和《羔羊頌》（Agnus Dei）。為什麼儀式中的這些不同部分被統稱為「彌撒常用經文」？因為它們是永遠不變的唱誦經文，在整個禮儀年裡都是一樣的。《歡呼頌》的經文恆常不變，在四旬期或將臨期也不改變。《光榮經》在某些禮儀季節（將臨期和四旬期）被省略，但經文不會改變。一個好的合唱團總監在禮儀表演期間必須非常仔細地考慮：不要為這些部分選擇不尊重正式經文的音樂。我們有多種彌撒常用經文譯本，是與教會和地方教會當局發出的正式譯本不同。它們是應該用於音樂的文本，而非這些經文的不同版本。這些彌撒常用經文的類別來自聖樂歷史，可能已有六個世紀之久。考慮到教會的悠久歷史，這要算是近代了，但我會說這是非常有意義的。這就是為什麼在演奏偉大的複音彌撒曲時（包括我前面提到的經文，有時會把部分省略），演奏特定作曲家的某部彌撒曲的全套樂曲較為好，因為這會有一致性。有時彌撒曲的音樂主題是一樣的，不過當然，《垂憐經》、《光榮經》、《信經》、《羔羊頌》等的作曲和演唱風格是有分別的。記住：在彌撒曲中找到某種「和諧」是重要的，不要創造出完全不協調的部分。因此，所有彌撒常用經文都應具有一定的風格一致性。在梵二之後，新撰寫的彌撒曲還包括《信德的奧蹟》（Memorial Acclamation）和《讚頌詞》（Amen for the Doxology）。這是合理的（即使《信德的奧蹟》在英語世界有其他替代經文）。那麼《天主經》（Pater Noster）呢？它為什麼不包括在彌撒常用經文中？因為《天主經》的詠唱在脫利騰彌撒（Tridentine Mass）裡是保留給神父，而不是合唱團；會眾和合唱團只在最後一句才加入，即「但救我們免於凶惡」（sed libera nos a malo）。因此，沒有必要將其包括在內。

《垂憐經》經常被誦讀出來，但這是不正確的。它應該是唱出來，而我認為使用原本的希臘語或拉丁語經文會更有意義。我記得聖若望保祿二世（Saint John Paul II）說過，在使用方言的禮儀中採用《垂憐經》原文，是對古代禮儀的紀念。此經文最初是使用希臘語，直至很多世紀後才用拉丁語。合唱團可以複音或以額我略聖詠方式唱《垂憐經》。我認為最好的混合方法是，先獨唱一次「上主求你垂憐」，然後第二次由全體會眾和合唱團重唱，然後第三次使用複音重複。「基督求你垂憐」（Christe eleison）和第二次的「上主求你垂憐」也一樣。我經常在彌撒中使用這個方法，效果很好。當然，不應花太多時間在《垂憐經》，但也不應忽視它，因為這是我們請求寬恕的時刻。

《光榮經》是一首聖詩，意味著我們應該把它從頭到尾唱出來。但這不是應答聖歌！而唱《天主在天受光榮》（Gloria in excelsis Deo）是個錯誤，對此不用多說。《羅馬彌撒經書總論》（The General Instruction for the Roman Missal）說：「《光榮經》是一篇非常古老及備受尊崇的『讚美詩』（hymnus）；是在聖神內聚集的教會，藉以光榮並祈求天主聖父和天主的羔羊（基督）。這篇讚美詩的詩句內容不得更改。《光榮經》由主祭啟唱，或有需要時，由唱經員或歌詠團啟唱。這讚美詩由全體會眾歌唱，或會眾與歌詠團對唱，或只由歌詠團歌唱。若不詠唱，大家就一起誦念。」這是歌頌聖三的聖詩，沒有必要不斷地重複第一句（那應該由神父啟唱）。有人說這有助會眾的參與，但會眾應該以根據禮節的真理和它運作的方式來參與，而非採用不宜的方式。在《崇拜公告》（Adoremus Bulletin，2001）一篇文章〈應答《光榮經》的反思〉（"Rethinking the Responsorial Gloria"）中，安德肋‧布勞內爾（Andrew Brownell）指出：「《光榮經》經過了三個世紀才成為最終形態，而這僅包括其以拉丁語存在的年代。古典時代的作家肯定清楚他們在做什麼。這首古老聖詩的文本從整體上看，表現出壓倒性的一致；經文中的每個思想在邏輯上都接續上一個思想，並直接帶到下一個思想。要在任何一處打斷這思想的流動，即使分段似乎合邏輯，一句『光榮！』的突然驚嘆是極度不敏感的。十五個世紀的音樂實踐證實了這一判斷。……新教徒的讚美詩沒有任何對《光榮經》的應答部分，是有很好的理由；《光榮經》不是應答聖詩。將其設置成這樣會違反經文中的思想流動，並且需要某種語言表達技巧才能使經文適合作為詩句。經文的本質使其不適合有應答的設置，即使最終付出努力，由嘗試這樣做而產生的一堆禮儀上和音樂上的難題，並不容易解決。」是的，我知道問題所在：這首聖詩很長，但是通過謹慎的策略，會眾肯定可以隨著時間推移學會詠唱。禮儀的計劃不是單一個主日的事，而是長期的。

　　《信經》在很多方面與《光榮經》的問題相似：《信

經》是篇很長的經文，所以要教導普通會眾並不容易。但在這裡，堅持不懈是取得好結果的關鍵。再者，它也不是一首應答聖歌。應該從頭到尾地唱。旋律應易於詠唱，且在有限的音域內，我認為一個八度是合理的。如果你的合唱團表現不錯，你可以在特定的禮儀季節以複音方式詠唱某些部分，例如（在聖誕節詠唱）「祂因聖神……」，（四旬期）「為我們被釘在十字架上……」，（復活節）「第三日復活了……」等。這有助於根據季節來強調這些部分。

《歡呼頌》就是歡呼，應該經常用唱的。它具有凱旋的特質，必須很好地把音樂和其經文元素區分。當你詠唱「聖、聖、聖」這一句時，你不能以同樣方式詠唱「當受讚美」等。

《羔羊頌》應在擘餅期間唱出，而不是在平安禮時詠唱！平安禮是沒有歌曲的，也沒有必要。梵蒂岡曾正式地澄清了這一點，但是在某些教堂（甚至在羅馬！），你仍然可以聽到合唱團唱出不存在的平安禮歌曲。

7

為彌撒專用經文選擇音樂

　　我在前幾章裡用了精確的概念指出禮儀是甚麼，來強調為禮儀選擇音樂的重要性；這不是遵循個人品味。如果沒有好好地培養個人品味，它不會成為好的指引，尤其是為「彌撒專用經文」（Proprium Missae）選擇音樂。「彌撒專用經文」是由甚麼組成？那就是在禮儀年中，根據特定慶典更改經文的部分，包括進堂詠、答唱詠、福音前歡呼、奉獻詠、領主詠。我在這裡沒有包括禮成詠，因為禮成詠確實沒有特定經文。對此的意見是相當不同，以往比較喜歡詠唱獻給聖母的對經。事實上，我們有覆蓋整個禮儀年的四大對經：平日的《又聖母經》（Salve Regina）、將臨期的《可親可敬救主之母》（Alma Redemptoris Mater）、四旬期的《萬福天皇后》（Ave Regina Coelorum）、復活期的《天皇后喜樂》（Regina Coeli）。以簡單的額我略聖詠版本（也有不同語言的版本）學習這些對經的旋律是很美好的事。其他人則認為，最後你需要詠唱某種「傳教歌」，帶有諸如「我們是世界之光」的文本，激勵你將從禮儀中領會到的一切，在日常生活中傳播。我仍然認為，維持選用童貞聖母的對經有很深的意義，而且我認為這些美麗對經的經文有非常豐富的神學含義。其他人喜歡詠唱來自本地流行傳統的聖母頌。在意大利，我們有一些優美的聖母頌，都是「宗教民謠」的瑰寶。有些作品深深植根於人們真正的天主教文化中，因此在彌撒禮成時使用是美好的。為什麼在禮成時使用呢？因為它們本身不是禮儀音樂，不是為敬禮所建議選取的經文的教會聲音，那是具有客觀元素的。它們更多是人們的主觀感受和情感表達。這一點也很重要，應當予以尊重。這就是教會一直關心一般人的音樂表達的原因，不過我們應該注意，不要純粹因為它們具有兩種不同的功能就將兩個層次混合。

談到進堂詠，我們需要小心英語系人士稱為的「聖詩三明治」（Hymn sandwich）的常見做法，基本上在進堂詠、奉獻詠、領主詠與禮成詠都使用聖詩形式。採用聖詩並沒有任何問題，但它們不是真的適合羅馬禮儀。事實上它們在羅馬禮儀頗後期（約 10 世紀）才出現，而不是在禮儀發展的古典時期，即大致在教宗額我略一世（Pope Gregory the Great, 540–604 年）在任的時候。我們在這裡談論的是額我略聖詠的聖詩，而非在新教傳統比較普遍的節拍聖詩。經常使用這種形式的歌曲會使禮儀的音樂風格變差，因為最終它們聽起來會非常相似。羅斯安妮·沙利文（Roseanne T. Sullivan）在天主教網站 education.org 發表的文章〈彌撒專用經文與四聖詩三明治〉（Propers of the Mass vs. the Four Hymn Sandwish）說明了這一點：「自 1969 年以來，絕大多數的彌撒都以常用經文來舉行，而四首聖詩的順序通常是在進堂、奉獻、領聖體和禮成遊行時詠唱。聖樂專家通常將這順序稱為『四聖詩三明治』。雖然有些人反對這個詞，認為難聽；我在本文中使用該詞並不帶冒犯的意思，因為這個字富有色彩，而且它指出了重點……現在的情況有一個大問題是，聖詩通常是從二、三十首受歡迎的老歌中選出，周而復始地翻唱。它們通常與禮儀年的特定日子沒有任何可識辨的聯繫。另一個大問題是聖詩甚少與彌撒各部分的神聖動作有它們該要有的聯繫。聖詩似乎是在當天負責選歌者隨心所欲地選出來；如我前面的例子所示，它們有時帶有異端性質。有個運動是恢復歌唱彌撒被忽視的部分，而韋伯神父（Weber）收集經批准的英文經文的聖詠，對這個運動作出了寶貴貢獻。」 這篇有趣的文章有一個明確的邀請，就是重新發掘彌撒經書中會眾歌唱的實際經文，它們改變每台彌撒。有些人可能會感到害怕，認為怎可能使人們在每個主日都唱不同的禮儀音樂？這確實是有可能的，在這種情況下，合唱團的幫助十分重要。試想想，如果你的合唱團沒能力以原版本的額我略聖詠詠唱優美的對經，或以四部的複音詠唱，就不要這樣要求；你可以為對經的文本選取非常簡單且莊重的旋律，然後由合唱團使用誦讀（chantillation）或複音（polyphony）方式吟誦出聖詠的詩句。可以由一位歌手帶領所有會眾來詠唱，就如耶穌的時代及其後在猶太教堂中的做法。他們稱這位歌手為「人民的使者」（Shaliach Tzibur）。因此，如果有明確而良好的意圖，就有可能。我們需要提升人們對禮儀的參與，而不是將禮儀降格來切合自己的需求。因此，對於進堂詠，我們有幾種可能性，但要記住，應該優先考慮彌撒經書中的對經。

　　答唱詠是梵二會議之後的其中一種新穎事物（也非完全新穎，因為它是取自早期教會的做法），應該常常是歌唱出來的，我們沒有理由把它讀出來。關於這個特定元素，要作很多說明，我將在另一系列中專門討論這個主題。這裡重要的是，答唱詠應該是唱出來的，以及獨唱歌手應該在讀經台而不是歌詠團的座位裡詠唱。

　　福音前歡呼是亞肋路亞的詩文（在四旬期中，另一首《歡呼頌》會代替亞肋路亞）。有些人認為《歡呼頌》應該是「有趣」的，但喜樂和有趣之間是有很大的區別。不要誤會，禮儀不是「有趣」的。事實上，在額我略聖詠曲目中，我們有一些非常嚴肅莊重的亞肋路亞，你可能也會感到它們的悲傷。但這是一個錯誤的判斷，因為基督的喜樂不是世俗的喜樂——「有趣」，它乃是深深植根於精神清醒與節制的喜樂。福音後是否需要唱亞肋路亞？官方文件都沒有這方面的指示，但最好是神父唱出「上主的話」（Verbum Domini），由會眾詠唱回應。之後不需要再重複亞肋路亞，雖然我認為這不是個大問題。

　　對於奉獻詠來說，這個問題比較棘手。我們沒有像脫利騰彌撒一樣，在彌撒經書裡有官方經文，會眾通常不知道該唱什麼，因而採用一些有關奉獻、麵餅和葡萄酒等歌曲。請不要忘記，合唱團是可以唱一首美麗和適當的經文歌，或由管風琴演奏一曲。

　　至於領主詠，我們有適當的對經，猶如進堂詠，通常

是從當天的福音中摘取的。同樣地，在這一刻，我們應該
說一些和進堂詠相同的話。如果你研究額我略聖詠，便會
察覺到進堂詠、奉獻詠和領主詠的音樂風格有很大的分
別，即使有時它們在同一台彌撒使用相似的經文。這應是
選擇彌撒音樂的主要原則。它們是不「可互換的歌曲」。
在合唱團帶領完成領主詠對經後，可以考慮詠唱一首感恩
歌曲，使每個人都可以參與。同樣地，合唱團此時可以詠
唱聖體歌，幫助人們默想剛剛領受基督聖體聖血的奧蹟。

8

樂器在禮儀的使用

　　教會音樂總監必須注意樂器在禮儀中的正確使用。通常這是教會音樂項目中最有問題的其中一個部分，因為太多牧者允許使用禮儀中不該佔有一席位的樂器。有些人會好奇哪些樂器是允許的。實際上教會已經就此問題提出了一些明確指引。如果我們看一看聖庇護十世 1903 年 11 月 22 日發布、影響深遠的聖樂文件（我們先前已提及的自動手諭），可在第六章發現：「雖然適合教堂的音樂純粹是聲樂，但有管風琴伴奏的音樂也是允許的。在某些特殊情況，有適當限制內及合適的保護措施之下，其他樂器可以是允許的，但根據《主教禮儀書》（Caeremoniale Episcoporum）條文，必須得到教區主教的特別許可。由於唱歌應常常佔有主要位置，因此管風琴或其他樂器應僅作輔助之用，而不應蓋過它。在聖詠之前有長前奏，或用間奏打斷聖詠，都是不允許的。作為聖詠伴奏的管風琴，在前奏、間奏等地方，其聲音不應受樂器的特殊性質所支配，而是必須融入上述的所有聖樂特質。在教堂內使用鋼琴是禁止的，也禁止使用嘈雜或不嚴肅的樂器，如鼓、鈸、鈴等。嚴格禁止樂隊在教堂裡演奏。只有在特殊情況下，經主教同意，才可以允許數量有限且合理使用，並與場地大小成比例的管樂器，但樂曲和伴奏應以嚴肅恰當的風格寫成，並在各個方面都適合於管風琴的採用。在教堂外的遊行，主教可以允許樂隊演奏，前提是不能有世俗的樂曲。在這種情況下，樂隊僅限於為參與遊行的歌手或信友團體以拉丁語或本地語演唱的一些屬靈聖歌伴奏是可取的。」我認為這裡的觀點非常清晰，合唱團總監要了解樂器是由他負責的，這一點很重要，因為合唱音樂的首位是無伴奏合唱，管風琴只是為此服務。其他樂器或可以允許，不過要謹慎地對待，尤其小心那些與世俗有很強聯繫的樂器，例如鋼琴，或者今天我們會說是結他。我知道在教堂通常遇到的問題是出在結他上，不過我們應該要非常清楚：結他是一種非常高貴的樂器，但它在教堂裡演奏的方式與在豪華派對上的演奏方式是一樣的；這是完全不能接受的。如果以適當的藝術性彈奏結他，或許可以考慮在禮儀的某些部分使用，但不是在禮儀期間 99% 的人都彈結他。而且因這種樂器本身的特性，它不適合作為唱歌的伴奏。

在《禮儀憲章》，即梵二會議關於禮儀的文件中，我們知道：「管風琴在拉丁教會內應極受重視，當作傳統的樂器，其音響足以增加教會典禮的奇異光彩，又極能提高心靈，嚮往天主與天上事物。不過，依照第 22 節二項，第 37 節及第 40 節的規定，在地區教會主管當局的審斷與同意之下，也可以在神聖敬禮中，准用其他樂器，惟必須適合或可以使之適合神聖用途，符合教堂的尊嚴，又確能使信友獲得益處。」（No.120）在這裡我們可以看到，指令一方面非常清晰，另一方面卻也很抽象。顯然，管風琴是禮儀樂器中的佼佼者。它總是有崇高的位置，應該竭力訓練人們使用管風琴。談到樂器時，憲章比起自動手諭模糊，但信息仍然清晰易懂：管風琴以外的樂器，根據教堂的尊嚴和信徒的教益，適當地用於禮儀的神聖用途時，是應當允許的。要注意它說必須適合或可以使之適合用作禮儀。那是什麼意思？這意味著它們的演奏方式至少應與它在世俗的用法不同。我們在這裡可以再次看到結他的問題，在伴奏聖樂或流行音樂時，結他總是以相同的方式彈奏。

正如前述，管風琴是主要樂器。我們當然知道並不是所有教堂都有能力擁有管風琴，因為它非常昂貴。我們期望每間教堂都能負擔得起真正的管風琴，而在不可能的情況下，電子管風琴也可以作為真正管風琴的臨時替代品，即使它們肯定不一樣。我們所說的，是模仿真實管風琴聲音的電子管風琴，而非與禮儀無關的其他精美樂器。

如果合唱團總監的角色對禮儀音樂很重要，那麼管風琴師的角色也同樣重要。管風琴的演奏連接和支持禮儀的不同時刻，可以說，管風琴師應該能夠與禮儀一起呼吸，從而使禮儀所達到的，能夠在信徒心中每一刻都引起共鳴。要這樣做到，就要避免出現鋼琴手演奏管風琴時的常見錯誤：使用單音栓或音區。據我在亞洲參與彌撒的經驗，我可即時意識到演奏管風琴的人不是管風琴手而是鋼琴手，因為他在整台彌撒以一個音區演奏樂器。這是絕對錯誤的。鋼琴手演奏管風琴的另一個常見問題是不使用踏板，這卻是管風琴師的一大特色。就管風琴而言，不使用踏板確實很奇怪，你會覺得少了甚麼。當然，我知道演奏者使用踏板需要經過一些訓練，但我真的認為有必要為管風琴這樂器特有的聲音增添深度。

合唱團和管風琴是緊密相連的。合唱團在詠唱某樂章時，司琴不能演奏其他樂曲。合唱團總監和司琴（當他們不是同一人時）應經常計劃好特定的歌曲該配以哪種風琴音樂，令音調和力度沒有太大差異。

為合唱團的詠唱伴奏一點都不容易，尤其是當合唱團的水平不是很高的時候。管風琴手應能就合唱團的詠唱作出調節，最大程度地減少發生錯誤的可能性，並且可以在一個百分秒內預知合唱團可能會出現的聲調問題，或小心注意合唱團歌唱的方式來帶領他們的韻律。管風琴手是首位和最重要的一位聆聽者。

最後，我們需要強調，對管風琴師而言，即興演奏的重要性。在不鼓勵創作的文化中，這可能是個很大的問題。但是，一個不會即興創作的管風琴手確實缺少了一樣非常重要的東西。因為實際情況是，你無法真正「計劃」一場禮儀，事情實際發生的時間是無法預測的，琴師的演奏空間同樣也很大。因此，不能即興創作的管風琴師總會有很大的困難。你可以立即聽得出琴師是否有能力即興演奏：當唱完某首歌後，不知道該演奏什麼來填補剩餘時間，只會不斷重複合唱團詠唱的同一首歌而不懂得作出變化。在這種情況下，對於歌唱禮儀的整體形象，這確實是一個大問題。

9

讓兒童參加合唱團

在談論教會合唱團時，我們已提及過在你的堂區或你所去的教堂建立良好音樂項目的困難和掙扎。這些困難和掙扎是真實的，我們不能低估。很多時候，你還要應付不支持你的神父，甚至更差的情況是，他們不太熟悉音樂和禮儀。這就是為何合唱團總監必須非常了解禮儀和音樂的相關教會法規。禮儀專家阿方索·瑪利亞·特里亞卡（Alfonso Maria Triacca）說過，音樂擴展了禮儀已有的內蘊。這是多麼正確！音樂是禮儀基本的補充內容，但也可以是一個障礙——當它不適合禮儀或使人們偏離理想結果，亦即是榮耀天主和聖化信徒的結果。

從長遠思考，有一個基本要素必須要考慮：兒童的參與。這是不可低估之事。良好的禮儀音樂品味可以從很小時候就培養出來。我們經常聽到有非常錯誤的想法：教堂裡的孩子只能唱幼稚的兒歌，或者聽起來像商業音樂的歌曲。這絕對是謬論，甚至比謬論更差。當然，他們在很小的時候，可能也會唱一些比較簡單的歌曲，但是從無數教堂合唱團運用男童高音，或者兒童合唱團的經驗來看，當音樂是動聽和有靈性的時候，他們真的可以懂得欣賞。想想看：他們處於一個心靈仍然單純的年齡，即使他們無法欣賞到音樂本身的複雜性（也不是很多成年人懂得欣賞，只有那些有特定培訓的才能夠），他們仍能掌握到什麼是必要的。我並不是在討論理論，而是從自己的經驗得來。我指揮音樂，通常是與由專業歌手組成的合唱團合作，真正愛聖樂的歌手。他們大部分，我會說大多數是童聲，小小年紀就成為合唱團的成員。他們大多數是合唱團成員，裡面有男高音和男低音，以及小孩唱的高音聲部。今天，沒有多少人會經常聽到這樣的合唱團，例如梵蒂岡的西斯汀小堂合唱團或倫敦司鐸祈禱會合唱團。只要你傾聽就可以立即了解到他們的質素、所產生的聲音，那對於教會而言是完美的，那種崇高的純真使每個人的心中充滿靈性。當然，他們必須有好的唱功，接受適當的訓練。說當學生準備好時老師就會出現這句話是不夠的，意思是只有當學生能夠理解他們所處過程的重要性時，才能欣賞到老師的重要。但教師也必須促進這個過程，讓學生發現所做之事的重要。

合唱團總監身為老師，在激發年輕人的心智方面，有根本職責去讓他們了解自己所做的，在自己的生活和整體教育上的重要性。你真的需要傑出的老師。曾經有一天，我和香港一位知名音樂家交談。他作為童聲歌手時，也有類似經歷，然後就選擇成為音樂家。他是在我們談到缺乏優秀老師的問題時，說出自己的經歷。我完全同意。如果身為老師的合唱團指揮不能激發學生，沒有一種感染力去讓學生明白自己是一件偉大事物的一部分，他可以做的就很少了，甚至是有害的。當然，兒童的參與會存在一些問題，例如與家長的關係，因此我們需要為他們提供一個非

常安全的環境（並且應採取一切措施以確保他們安全和受
到保護），以及有很大的耐心。當能投入這一切，就會有
十倍結果，不僅是他們即時的表現，更是因為你正在培養
一些終生懂得欣賞美好聖樂的人。

　　他們能以拉丁文唱歌嗎？當然可以！那些說因為他們
無法理解意思而不能唱的人，是完全錯誤的。首先，對音
樂的理解比對字詞的理解（終歸它們是都可以解釋和翻譯）
深刻得多。我們聽純音樂時，是沒有字詞，但有含義，而
這含義對我們來說可能非常深刻。有時我們會聽到以其他
語言寫成的音樂，它們的情感力量非常強大，令我們無法
不深受感動，比我們熟悉語言寫成的音樂更強大。永遠不
要忘記，音樂本身就是一種語言。我可以自己在澳門的經
驗做參考，當時我教授學生大量拉丁語作品。我記得有一
天，一個學生（不是天主教徒，不是基督教徒）向我額外索
取我們錄製的光盤，因為當中的音樂（全部是拉丁文寫成）
「是如此靈性」。美麗與人接觸的方式可能與某些人的想
法不同。談到我心愛的澳門學生，他們有空除了選擇聽
（廣東話）母語的歌曲，也聽很多韓國音樂、日本音樂、普
通話音樂等，沒有人催迫他們這樣做，但他們會聽非母語
的歌曲。學生因為不懂拉丁語而不能唱拉丁歌的想法，是
教師沒安全感的表現，而不是學生的問題。

　　還有另一個要考慮的重要因素。在中世紀，羅馬有音
樂學院，是為羅馬教宗彌撒服務的聖樂團。根據傳統說
法，該聖樂團是由教宗聖額我略一世（Saint Gregory the
Great）建立的。聖樂團現在不只對教宗的音樂和禮儀服務

很重要，還因為它有豐富的司鐸聖召。當孩子們純潔的心靈從聖樂的恩賜中獲天主的恩寵所觸動，他們可能會想以徹底的方式跟隨天主，將自己的一生奉獻給祂。如果因為他們無法理解偉大的聖樂之美而要他們唱幼稚的歌曲，是違背他們的利益，也違背教會的屬靈利益。但是，正如我們目前所看到，最大的問題是在於合唱團總監，他們需要對什麼是聖樂，對傳統的重要性，對音樂聽起來的效果，要有深刻的了解。在這裡，我們需要提到主教，關於他們為神父及在教區負責禮儀音樂的人，在這方面的培育有多少投入。根據我的經驗，很多主教不明白這一點的重要性，很令人傷心，因為我們知道，禮儀是基督徒生活的泉源及頂峰（fons et culmen）。參與禮儀是我們與天主關係的頂峰，這是我們在祂的臨在中，以精神和真理敬拜祂的時刻；也是我們日常生活中力量的泉源。我們在這裡從聖神獲得力量，以更有意義和更深刻的方式成為基督徒。要明白製作禮儀音樂的責任，絕不是空閒時的一種業餘愛好，而是對天主和基督徒團體很重要的責任。

我知道我的話語意味教區、主教、神父和團體要做出非常重大的許諾，但我認為只有當我們重視禮儀及其音樂時，才能使真正的基督徒精神復興。這音樂不是重複世上的歌曲，而是為我們的靈魂創造了一個安全的棲生空間。培養兒童在教堂中使用音樂的能力，無疑是使禮儀在我們的生活中佔據中心位置的基本方法。這需要時間、精力和耐性，這種耐性會在長遠的未來取得卓越的成果。

10

窄門

　　在前面的章節中，我只能提供一些有關教會合唱團的知識。若要詳細解說就需要書寫多本書籍，但在這裡是不可能的。不過，我知道合唱團指揮需要對日常練習所遇到的特定情況提出建議，因此在這個簡短系列結束之前，我想根據自己在這個領域近四十年的經驗，概述一些問題及解決方法。

　　合唱團指揮有時候會說，即使採納了所有的好建議，合唱團的進度也不像預期。因為即使你方法正確，你還需要培養出耐心的美德。這就像一個人使用拐杖後再次學習走路一樣。剛開始時，情況似乎很差，因為你不習慣如何正確地行走，但當你找對了方法，就能夠越來越快。這需要時間。你需要給時間讓人們調整。但是你的責任亦很大，因為如果你指向錯誤的方向，合唱團只會變得更差，甚至無法復原。正如我之前所說，你首先需要理解你要帶領教堂合唱團所做的事，其目的到底是甚麼。不要只說要「讚美天主、敬拜天主、頌揚天主」，這是事實，但你亦需要了解為什麼要這樣做。醫生需要知道某種藥物對身體有特定作用的原因，即使患者不必被告知。因此，指揮家就像醫生，如果他希望「藥物」在合唱團起作用，就必須知道為什麼某個方法比其他方法更有效。但我們對此也必須非常誠實：我們必須變通，因為不同的人可能會建議略有不同的方法。幾個星期前我跟一個醫生交談，過程中她告訴我，「你要知道藥物不是一門精確的科學」，這意味著有很多不可預知的事情可能會發生。因此，你可以想像藝術和音樂也是如此。不過，至少我們可以確定自己在做正確的事情，然後將其餘的交給天主。

指揮在某些看似顯而易見的事情上應該變得非常堅決：歌手必須一起開始，一起結束！你可能會認為這是必然的，其實不是的，在很多合唱團中，每個人都只顧自己。你需要施行紀律，這既可加強你的地位，也肯定能令表演更加莊重。聖本篤（Saint Benedict）為他的修士訂立的規定指出：「每個年齡層和知識程度都應當有適當的紀律。因此，對於男孩和青少年，或者那些無法理解絕罰的嚴重性的人，當他們作出違規行為，讓他們接受嚴厲的齋戒或嚴酷的責打，就可以治癒了。」當然，我不是在建議任何使用暴力形式的紀律，但可以獎勵努力遵守紀律的人，而我認為這很重要。在教宗的合唱團，我們稱之為西斯汀小堂合唱團，總有一位成員負責指出其他歌手的錯誤，累積一定數量的錯誤後他們就被罰款。如果不想在你的合唱團中懲罰任何人，你當然可以獎勵他們努力約束自己。這一切，本著聖本篤所說的精神，不是為懲罰而懲罰，而是一種為了達到效果的教學工具。著名哲學家笛卡兒（Descartes）在《方法論》（Discourse on Method）說：「我的第三條准則是：永遠只克服自己，不求克服命運，只求改變自己的願望，不求改變世間的秩序。總之，要始終相信：除了我們自己的思想以外，沒有一樣事情可以完全由我們作主……我覺得明白了這一點就可以消除痴心妄想，凡是得不到的東西就不要盼望將來把它弄到手；這樣也就安分守己、心滿意足了……不過我也承認，一定要經過長期訓練，反覆思考，才能熟練地從這個角度去看萬事萬物。我相信，那些古代哲學家之所以能夠擺脫命運的干擾，漠視痛苦和貧困，安樂賽過神仙，其秘密主要就在於此。」[1] 笛卡兒的觀察為我們有個重要的教訓：所有的進步都始於對人的關注，合唱團就像是個由許多個體組成的小社會，而不僅僅是一群毫無區別的人。請記住這一點，因為這很重要。當你與每個人建立關係時，當你能夠理解他們的優缺點時，當你能夠與他們一起努力提高他們的技能時，你可以從他們那裡獲得很多。沒有「改善的合唱團」本身，只有當你能夠看到每個人都信任你的工作，並願意隨時隨地跟著你，改善才能開始。

最後一句也很重要。當你開始「改善」合唱團時，你需要告訴你的歌手，一開始的情況可能會更差，正如我之前提到的原因：你需要改變某些習慣，某些態度，某些無效率但對合唱團可行的(不良)做事方式。起初無可避免要付出代價，但是努力的結果會是當初屈辱的回報。指揮的根本性的工作就在於此。有一個普遍原則我應該非常肯定

---

[1] （譯註）中譯文引自：笛卡兒著，王太慶譯：《談談方法》（北京：商務印書館，2000），頁 21–22。

地樹立：沒有差勁的合唱團，只有糟糕的指揮。如果指揮家是優秀的，他可以使每個合唱團都能有最好的發揮。

談到指揮必須與歌手建立的個人關係，我們還需要強調，這也有助於解決合唱團經常出現的其他問題，例如走音或聲量大小的問題。你可能會驚訝地發現，這些問題很多時都是由心理因素所引起的，只有當你能夠以比聽到聲波在空中振動更深層次地聆聽歌手的聲音時，你方能了解它們。合唱活動當然有機械層面，因此你需要對此有很多的了解，但是最重要的是心理方面，可以說是你做每件事的精神層面。有時和你一起唱歌的人，是深受困擾的人，他們可能來自不正常的家庭、有個人問題、感到孤獨……「沒有人是孤島」，但有時他們的行為就像是個孤島，因此合唱團指揮應該知道如何接近這片「貧瘠土地」並使之肥沃。這並不容易，但這是指揮家工作的主要部分。

有人會說：指揮家是否也有困難、不正常和充滿問題？是的，我們都會有的。成為一個指揮是一種自律，可以幫助他人，同時也可以幫助自己。音樂家要處理情緒，因此他們總會有極端一面。當人們提到這個困擾音樂家的一面時，我經常向人們重複的一句話是：如果你想啟發他人，就必須燃燒自己。為他人帶來歡樂，你需要自我犧牲。這並不意味著你不能為自己帶來歡樂，但是這條路並不容易。耶穌曾說過(瑪 7:13–14)：「你們要從窄門進去，因為寬門和大路導入喪亡；但有許多的人從那裡進去。那導入生命的門是多麼窄，路是多麼狹！找到它的人的確不多。」

　　當然，這美好的教學可以應用於世界各地在教堂中與合唱團合作的人的生活裡：尋找窄門，最終你會得到十倍的賞報。

Aurelio Porfiri

Aurelio Porfiri is a composer, conductor, writer and educator. More than 200 of his compositions are published in Italy, China, USA, Germany and France. He has published more than 60 books and is contributor for major Catholic blogs and magazines. He has lived and worked for seven years in Macau, China and is the founder of the publishing company Chorabooks. Lately he is very active in streaming programs mainly through his You Tube channel *Ritorno a Itaca* and his Facebook fan page.

龐保頤先生是一位作曲家、指揮、作家和教育家。他在意大利、中國、美國、德國及法國出版了超過二百首歌曲。他出版了大約六十本書籍及常在天主教網誌和雜誌投稿。他已在中國澳門生活及工作了七年並創立了他的出版社 Chorabooks。最近他經常出現在他的 YouTube 頻道 Ritorno a Itaca 和 Facebook 專頁。